Das kleine Buch für zwischendurch

Liebe

Das kleine Buch für zwischendurch

Liebe

HERDER

FREIBURG · BASEL · WIEN

Herausgegeben von Marlene Fritsch

Vorwort

»Schön ist eigentlich alles, was man mit Liebe betrachtet«, meint Christian Morgenstern. Frisch Verliebten sagt man nach, dass sie eine »rosa Brille« aufsetzen. Wer sie trägt, für den singen die Vögel noch einmal so schön wie zuvor, alles Graue wird plötzlich bunt und alle Sorgen und schweren Gedanken sind wie weggeblasen oder zumindest nicht mehr so schlimm, dass man nicht auch darüber lächeln könnte.

Wenn aus Verliebten Liebende werden, setzen sie die »rosa Brille« ab – und sehen den anderen, wie er ist. Das bedeutet jedoch nicht, dass nun wieder alles grau und schwer wird, ganz im Gegenteil: Wer den anderen mit Liebe betrachtet, dem gelingt es, das Liebenswürdige, das Schöne an ihm zu entdecken, auch wenn andere Menschen das vielleicht gar nicht sehen können. Und: Liebende können den anderen mit all seinen Fehlern und Unzulänglichkeiten ansehen und ihn trotzdem – oder gerade deshalb – schön finden. Und das gilt nicht nur für den Partner, die Partnerin, sondern für alle anderen Menschen, die wir lieben, die uns nah sind und von denen doch auch jeder seine ganz eigenen »Verrücktheiten« hat. Mit Liebe betrachtet, gelingt es uns, den anderen so zu lassen, wie er ist – und ihn so zu lieben, wie er ist.

Letztlich sind aber nicht nur unsere Mitmenschen andere, sondern ist auch die Welt eine andere, wenn man sie durch die »Brille der Liebe« betrachtet. Christan Morgenstern meint dazu weiter: »Je mehr jemand die Welt liebt, desto schöner wird er sie finden.« Ich wünsche Ihnen, liebe Leserin, lieber Leser, dass die folgenden Texte für Sie eine solche »Seh-Hilfe« sein können, mit der Sie manches noch einmal ganz neu und mit Liebe betrachten können.

Inhalt

1

Liebe verleiht Flügel

Wie ich dich liebe?

Wie ich dich liebe? Lass mich zählen, wie.
Ich liebe dich so tief, so hoch, so weit,
Als meine Seele blindlings reicht, wenn sie
Ihr Dasein abfühlt und die Ewigkeit.

Ich liebe dich bis zu dem stillsten Stand,
Den jeder Tag erreicht im Lampenschein
Oder in Sonne. Frei, im Recht, und rein
Wie jene, die vom Ruhm sich abgewandt.

Mit aller Leidenschaft der Leidenszeit
Und mit der Kindheit Kraft, die fort war, seit
Ich meine Heiligen nicht mehr geliebt.

Mit allem Lächeln, aller Tränennot
Und allem Atem. Und wenn Gott es gibt,
Will ich dich besser lieben nach dem Tod.

Elisabeth Barret Browning

Liebendes Aufmerken

Zärtliche Berührung
verweilen in der Umarmung
in der wohltuenden Geborgenheit

Ankommen
bei
dir
ausruhen

Dich
genießen

Liebendes Aufmerken

Pierre Stutz

Was ist die Liebe?

Was Prügel sind, das weiß man schon; was aber die Liebe ist, das hat noch keiner herausgebracht. Einige Naturphilosophen haben behauptet, es sei eine Art Elektrizität. Das ist möglich; denn im Moment des Verliebens ist uns zumute, als habe ein elektrischer Strahl aus dem Auge der Geliebten plötzlich in unser Herz eingeschlagen. Ach! diese Blitze sind die verderblichsten, und wer gegen diese einen Ableiter erfindet, den will ich höher achten als Franklin. Gäbe es doch kleine Blitzableiter, die man auf dem Herzen tragen könnte und woran eine Wetterstange wäre, die das schreckliche Feuer anderswohin zu leiten vermöchte! Ich fürchte aber, dem kleinen Amor kann man seine Pfeile nicht so leicht rauben wie dem Jupiter seinen Blitz und den Tyrannen ihr Zepter.

Außerdem wirkt nicht jede Liebe blitzartig; manchmal lauert sie, wie eine Schlange unter Rosen, und erspäht die erste Herzenslücke, um hineinzuschlüpfen; manchmal ist es nur ein Wort, ein Blick, die Erzählung einer unscheinbaren Handlung, was wie ein lichtes Samenkorn in unser Herz fällt, eine ganze Winterzeit ruhig darin liegt, bis der Frühling kommt und das kleine Samenkorn aufschießt zu einer flammenden Blume, deren Duft den Kopf betäubt. Dieselbe Sonne, die im Niltal Ägyptens Krokodileneier ausbrütet, kann zugleich zu Potsdam an der Havel die Liebessaat in einem jungen Herzen zur Vollreife bringen – dann gibt es Tränen in Ägypten und Potsdam. Aber Tränen sind noch lange keine Erklärungen – Was ist die Liebe? Hat keiner ihr Wesen ergründet? Hat keiner das Rätsel gelöst? Vielleicht bringt solche Lösung größere Qual als das Rätsel selbst, und das Herz erschrickt und erstarrt darob, wie beim Anblick der Medusa. Schlangen ringeln sich um das schreckliche Wort, das dieses Rätsel auflöst – oh, ich will dieses Auflösungswort niemals wissen, das brennende Elend in meinem Herzen ist mir immer noch lieber als kalte Erstarrung. Oh, sprecht es nicht aus, ihr gestorbenen Gestalten, die ihr schmerzlos wie Stein, aber auch gefühllos wie Stein durch die Rosengärten dieser Welt wandelt und mit bleichen Lippen auf den törichten Gesellen herablächelt, der den Duft der Rosen preist und über Dornen klagt.

Wenn ich dir aber, lieber Leser, nicht zu sagen vermag, was die Liebe eigentlich ist, so könnte ich dir doch ganz ausführlich erzählen, wie man sich gebärdet und wie einem zumute ist, wenn man sich auf den Apenninen verliebt hat. Man gebärdet sich nämlich wie ein Narr, man tanzt über Hügel und Felsen und glaubt, die ganze Welt tanze mit. Zumute ist einem dabei, als sei die Welt erst heute erschaffen worden und man sei der erste Mensch. »Ach, wie schön ist das alles«, jauchzte ich, als ich Francescas Wohnung verlassen hatte. Wie schön und kostbar ist diese neue Welt! Es war mir, als müsste ich allen Pflanzen und Tieren einen Namen geben, und ich benannte alles nach seiner innern Natur und nach meinem eignen Gefühl, das mit den Außendingen so wunderbar verschmolz. Meine Brust war eine Quelle von Offenbarung, und ich verstand alle Formen und Gestaltungen, den Duft der Pflanzen, den Gesang der Vögel, das Pfeifen des Windes und das Rauschen der Wasserfälle. Manchmal hörte ich auch die göttliche Stimme: »Adam, wo bist du?« – »Hier bin ich, Francesca«, rief ich dann, »ich bete dich an, denn ich weiß ganz gewiss, du hast Sonne, Mond und Sterne erschaffen und die Erde mit allen ihren Kreaturen!« Dann kicherte es aus den Myrtenbüschen, und heimlich seufzte ich in mich hinein: »O süße Torheit, verlass mich nicht!«

Heinrich Heine

Soll ich dich einem Sommertag vergleichen?

Soll ich dich einem Sommertag vergleichen?
Er ist wie du so lieblich nicht und lind;
Nach kurzer Dauer muss sein Glanz verbleichen,
Und selbst in Maienknospen tobt der Wind.

Oft blickt zu heiß des Himmels Auge nieder,
Oft ist verdunkelt seine goldne Bahn,
Denn alle Schönheit blüht und schwindet wieder,
Ist wechselndem Geschicke untertan.

Dein ew'ger Sommer doch soll nie verrinnen,
Nie fliehn die Schönheit, die dir eigen ist,
Nie kann der Tod Macht über dich gewinnen,
Wenn du in meinem Lied unsterblich bist!

Solange Menschen atmen, Augen sehn,
Lebt mein Gesang und schützt dich vor Vergehn!

William Shakespeare

Ich feiere dich

Ich feiere dich.
Nicht mit rauschenden Festen und auffälligen
Gesten,
nicht mit lauten Worten und kitschigen Bildern,
aber mit der Landschaft meines Herzens.

Ich hebe dich empor in meinen Gedanken,
ohne dich von mir fortzurücken.
Ich verbeuge mich vor dir, ohne unterwürfig
zu sein.
Ich erkenne dich an, ohne mich dabei
auszulöschen.
Ich erzähle anderen von dir, ohne mit dir
anzugeben.

Ich feiere die Stille deines Wesens.
Ich feiere die Vorsicht deiner Worte.
Ich feiere, wie dein Leben zusammengefügt ist,
und wie es sich auch nach Jahren noch entfaltet
und verändert.

Ich feiere den Mut deiner Entschiedenheit,
an dem ich gewachsen bin.
Ich feiere die Einmaligkeit deines Glaubens
und die Tiefe deiner Hoffnung.
Ich feiere deine Zuwendung und deine
Zurückhaltung.

Vergib mir, dass ich dich manchmal
als selbstverständlich in meinem Leben sehe
und vorübergehend blind werde für das
Wunder, das du bist.
Ich will mich nicht an dich gewöhnen.
Auch jetzt nach Jahren will ich noch
unsere Begegnungen als Ereignis erleben und
feiern.

Ulrich Schaffer

Aus deiner Liebe kommt mir solch ein Segen

Aus deiner Liebe kommt mir solch ein Segen,
Sie macht mein Herz so sorglos und so fest,
Ich kann so ruhig mich drin niederlegen,
Wie sich ein Kind dem Schlafe überlässt.

Ich geh dahin von Zuversicht getragen,
Seit neben deiner meine Seele schweift;
So, wie man wohl an schönen Sommertagen
Durch reife Ährenfelder sinnend streift.

Da gleiten sanft die Finger über Blüten
Und Halme hin, wie eine Mutter pflegt,
Und alles Leben möchte man behüten,
Das seine heil'ge Saat zum Lichte trägt.

Hedwig Lachmann

2

Behutsam achten das Ich und das Du

Die Sehergabe der Liebe

In der Liebe sehen wir die besten Möglichkeiten in einen Partner hinein und geben ihm durch unsere Liebe auch das Gefühl, dass er sie verwirklichen kann. Und wenn wir wirklich lieben, werden wir ihm auch verzeihen, wenn er in der Realisation seiner besten Möglichkeiten weit hinter ihnen zurückbleibt. Wir werden vielleicht gerade dadurch, dass wir uns später noch an die Gesten der aufbrechenden Liebe erinnern, auch immer wieder daran denken, dass wir solche schöpferischen Fantasien, solche erwartungsvollen Gefühle mit diesem Menschen verbunden haben. Und die Möglichkeit, sie zu realisieren, besteht so lange, wie wir sie in unserer Fantasie aufrechterhalten. Das mag von außen als die »Blindheit« der Liebe erscheinen, von innen ist es die Sehergabe, die Chance der Liebe.

Verena Kast

Liebe und sei verlässlich

Was du liebst, wen du liebst, wie du liebst, das steht in einem engen und lebendigen Zusammenhang mit deinem ganzen inneren Weg ... Dabei muss dir von Anfang an deutlich sein, dass du eine gelingende Liebesbeziehung nicht »machen« kannst. Sie hat von Anfang bis Ende den Charakter des Gnadenhaften, von dem wir schon gesprochen haben. Du kannst nicht machen, dass du dem anderen Menschen begegnest, der mit dir eins sein kann. Du hast es nicht in der Hand, ob du die Zeiten des Friedens, die du in deinen späteren Jahren erreichen willst, erlebst. Du hast es keinen Tag in der Hand, ob nicht etwas geschieht, das eure Lebensfreude oder euer Vertrauen bedroht oder zerstört und euer Leben mühevoll macht oder euch gegen euren Willen trennt. Wer von einer dauerhaften Liebesbeziehung spricht, spricht von Anfang bis Ende von einem freien Geschenk der Gnade Gottes.

Und dazu kommt für dich, wenn du deinen eigenen inneren Weg bedenkst, dass es für deine Geborgenheit in der Liebe Gottes auf dieser Erde kein stärkeres Gleichnis gibt und keinen stärkeren Ausdruck als verlässliche Liebe. Das Erleben von Liebe in allen ihren Dimensionen und auf allen Ebenen, vor allem auch das einer gemeinsamen Leiblichkeit ist immer schon ein Bild gewesen für unsere Gemeinschaft mit Gott, die wir suchen und so schwer erreichen und die nur gelingt, wo die Liebe Gottes als eine Liebe, die nicht wir aufbringen, sondern die uns entgegenkommt, sie schafft.

Die Liebe hat viele Namen. Sie kann Anmut heißen oder Trost, Geduld oder Hoffnung, Freundlichkeit oder Mitleiden. Sie gibt Geborgenheit oder weckt Begeisterung; sie ist ein leises Wort oder eine zarte Berührung. Sie zeigt dem anderen, wie viel er wert ist. Sie schützt ihn, denn diesen Schutz braucht auch ein starker und unabhängiger Mensch. Sie hilft ihm, nicht stehen zu bleiben, und sie weitet seine oder ihre Enge und Angst in eine Freiheit, die Gewissheit gibt.

Sie macht glücklich, und wenn geschieht, was der Sinn des Glücks ist, dann geht von ihm danach viel auch auf andere über, die es vermissen, denn die Bestimmung des Glücks liegt in seiner heilenden Kraft.

Die Liebe ist die befreiende Kraft, wenn das Herz wund ist oder das Gewissen belastet. Sie beginnt neu, sie verzeiht und nimmt Verzeihung an und findet aufs Neue ins Vertrauen. Sie gibt dem anderen Freiheit und empfängt ihn wieder. Sie bleibt stehen und wartet und ist da, wenn er kommt. Sie ist die Kunst, dem anderen Freiheit zu geben, ohne ihn zu verlassen.

Und wenn der eine von beiden müde wird? Dann darf er sagen: »Ich kann nicht mehr« – und der Geduld des anderen vertrauen. Beide dürfen müde werden, wenn der Weg lang wird. Beide dürfen auch einmal den Mut verlieren und dabei wissen, dass sie noch immer geliebt sind. Wenn der eine stehen bleibt, weil ihm die Last der Zeit zu schwer wird, dann wird auch der andere stehen bleiben und ihn schützen und wird bis zum Ende an seiner, an ihrer Seite sein. Und er wird sich nicht nach der sogenannten Freiheit sehnen, die darin besteht, den anderen sich selbst zu überlassen und für sich einen anderen Weg zu suchen. Und vielleicht haben sie sich nach einer langen gemeinsamen Zeit wirklich gewandelt, aus ihrem natürlichen, sich selbst behauptenden Wesen in die schöne und reife Gestalt liebender Menschen.

Jörg Zink

mit dir auf dem Weg

dir nahe sein
und mich doch nicht in dir verlieren

mich dir hingeben
aber mich nicht aufgeben

von dir gehalten sein
und dich doch nicht festhalten

dir verbunden sein
und doch Freiheit atmen

in dir geborgen sein
und doch auf dem Weg bleiben

zu dir gehören
aber dich nicht besitzen

dich lieben
und doch lassen
Weggefährte bei der Suche
auf Heimat hin

Andrea Schwarz

Dazwischen

Die Menschen sind so furchtbar weit voneinander; und die, welche einander lieb haben, sind oft am weitesten. Sie werfen sich all das Ihrige zu und fangen es nicht, und es bleibt zwischen ihnen liegen irgendwo und türmt sich auf und hindert sie endlich noch, einander zu sehen und aufeinander zuzugehen.

Rainer Maria Rilke

Die Geliebte oder: Der stumme Diener

Eine Geliebte empfing nach längerer Zeit ihren Geliebten. »Die Liebe kann besser heilen als irgendetwas auf der Welt«, dachte die Geliebte und bot ihm neben sich den Sitz an. Der Geliebte dachte: »Man braucht nichts als Liebe, und alles Mögliche und die Erde sind ein Paradies!« Er saß bewegungslos da. Ohne die Vorzüge der Gegenwart zu genießen, holte er aus seiner Westentasche ein Bündel von Briefen, die er in der Zeit des Fernseins und der Trennung liebevoll mit Tränen in den Augen an die Geliebte geschrieben hatte. Er fing an, sie laut zu lesen. Die Frau hatte sich diese Begegnung jedoch anders vorgestellt. Lange Zeit hörte sie geduldig zu, bis ihr der Geduldsfaden riss. Sie sagte: »Für wen hast du diese poetischen Briefe geschrieben? Für mich? Dann nutze die Gelegenheit, mir einen großen Gefallen zu erweisen. Mein Herz soll sich darüber freuen. Geht die Liebe auf in meinem Leben, dann kommt das Licht, dann wird es warm. In Gegenwart der Geliebten nur Briefe der Vergangenheit zu lesen, ist Zeitverschwendung.« Der Liebende antwortete mit leiser Stimme: »Es ist mir bewusst, dass ich in deiner Gegenwart weile. Ich weiß aber nicht, wieso ich die Freude und den Genuss, die ich in deiner Abwesenheit und Trennung fühlte, wenn ich an dich dachte, jetzt nicht mehr erleben kann.« Die Geliebte sagte zu ihm: »Das innerste Wesen der Liebe ist Hingabe. Du bist in dich selbst verliebt. Du liebst nicht mich, sondern deine eigenen Gefühle. Es gibt echte und unechte Liebe. Die eine zum Ergötzen, jene zur Fruchtbarkeit an vortrefflichen Gedanken und Taten. Wenige lieben die Person, die meisten lieben die Glücksumstände.«

Nossrat Peseschkian

Ich meine dich

Du sollst wissen,
dass ich dich meine,
von Herzen und mit allem,
was in mir ist.
Du bist nicht austauschbar,
weil du für mich einmalig bist.
Ich versuche, dich von innen zu verstehen.

Dich zu meinen heißt für mich,
deiner Eigenart nachzugehen,
nicht zu verallgemeinern,
wenn ich an dich denke,
wach zu sein für jede Regung, die dich ausmacht,
mich in den Fluss deines Wesens zu stellen.

Wenn ich dich meine,
erfahre ich dich anders – du bist mir näher,
und ich setze mich dir aus,
was immer du auch mit dir bringst.
Ich meine dich – nicht mein Bild von dir.

Dich zu meinen heißt,
in deinen Schuhen zu gehen,
durch deine Augen zu sehen,
deine Gedanken zu denken
und doch bei allem mich nicht zu verlieren.

Ulrich Schaffer

»Ich liebe dich«

Wer darf so etwas sagen: »Ich liebe dich«? Was geht in seiner Seele vor, wenn er diesen Satz sagt? Was geht in der Seele des anderen vor, dem dieser Satz gesagt wird? Wer ihn wirklich sagt, dessen Seele zittert. In ihr sammelt sich etwas, schwillt an wie eine Woge und reißt ihn mit. Er wehrt sich vielleicht gegen sie aus Angst, wohin sie ihn hebt und an welches Ufer sie ihn spült …

Da ist auch die Angst, ob wir diesen Satz durchhalten und wir ihm in seiner Tragweite zustimmen und uns ihm öffnen können, egal ob wir ihn selbst sagen oder gesagt bekommen. Doch es gibt keinen schöneren Satz, keinen, der uns so tief berührt und uns so innig mit einem anderen Menschen verbindet. Es ist ein demütiger Satz. Er macht uns zugleich klein und groß. Er macht uns zutiefst menschlich.

Bert Hellinger

Ich verspreche

Ich verspreche
dir nicht
die zu bleiben
die ich bin

ich verspreche dir
alles zu tun
die zu werden
die ich sein soll

und diesen Weg
zu gehen
in Treue
zu dir

Andrea Schwarz

Ein Königreich der Liebe

Dem einzelnen Menschen kann es gelingen, mitten in dieser Welt ein Königreich der Liebe zu gründen und einen Garten anzulegen, in dem seine Kreativität gedeiht.

Keine Frau ist nur Aschenputtel, aber jede hat die Möglichkeit, das Aschenputtel in sich selbst zu finden und zu erleben, wie es sich entwickelt und schließlich seine schönen Kleider entfaltet.

Kein Mann ist nur ein Königssohn, aber er kann sich zu dem Königssohn in sich selbst bekennen und ihm die Führung überlassen. Die Liebe hat die zauberische Macht, in der Frau das Aschenputtel aus seiner Asche herauszulocken und den Königssohn zu wirklich königlichem Handeln reifen zu lassen …

Wer verliebt ist, sieht auch sich selbst in einer göttergleichen Gestalt, in der er dem anderen gern begegnen möchte. Und die Liebe hat die Kraft, im Liebenden und im Geliebten diese schlafenden Fähigkeiten so zu verstärken, dass sie in die Wirklichkeit treten und zur unverlierbaren Eigenschaft werden.

Hildegunde Wöller

Gemeinsam einsam

Wir haben uns gerade darin gefunden und verstanden, dass alle Gemeinsamkeit nur im Erstarken zweier benachbarter Einsamkeiten bestehen kann, dass aber alles, was man Hingabe zu nennen pflegt, seinem Wesen nach der Gemeinsamkeit schädlich ist: denn wenn ein Mensch sich verlässt, so ist er nichts mehr, und wenn zwei Menschen beide sich selbst aufgeben, um zueinander zu treten, so ist kein Boden mehr unter ihnen und ihr Beisammensein ist ein fortwährendes Fallen.

Rainer Maria Rilke

Unsere Aufmerksamkeit bewusst auf das Positive lenken

Bei allem, was uns persönlich betrifft, nehmen wir die Realität nicht objektiv wahr. Vielmehr wird das für uns wirklich, worauf wir unsere Aufmerksamkeit richten, und diese Aufmerksamkeit ist interessengeleitet.

Wir müssen unsere Aufmerksamkeit bewusst immer wieder auf das Positive lenken. Das haben wir nämlich weitgehend in der Hand. Ich kann daran denken, was mir heute am anderen gefallen hat, oder ich kann das unter den Tisch fallen lassen und mich nur bei dem aufhalten, was mir an ihm auf die Nerven gegangen ist. Es ist ein wichtiger Teil der Lebens- und der Beziehungs-Kunst, die Ausrichtung der Aufmerksamkeit auf das Positive zu trainieren. Das braucht es, denn aus Erfahrung weiß man, dass sich das Negative »von selber« aufdrängt. Es braucht als Gegengewicht die bewusste Aufmerksamkeitssteuerung. Das Positive, das so wieder stärker in den Vordergrund tritt, muss dem anderen auch mitgeteilt werden, es muss zum anderen »rüberkommen«. Es genügt nicht, es im Herzenskämmerlein zu hegen und zu pflegen. Erst wenn es beim anderen auch ankommt, wird es zur gemeinsamen Beziehungsrealität. Wir schaffen unsere Beziehungsrealität zu einem Gutteil selber. Nicht nur dadurch, dass wir unsere Aufmerksamkeit in eine bestimmte Richtung lenken, sondern vor allem durch das, was wir kommunizieren, miteinander teilen.

Hans Jellouschek

Liebe ist anstrengend

»Liebe ist nicht mühelos. Im Gegenteil, Liebe ist anstrengend“ (M. Scott Peck). Liebe ist anstrengend? Manche verliebten Paare fassen sich an den Kopf, wenn sie solche Sätze hören. Das ist jammerschade. Denn es zeigt, dass sie überhaupt nicht vorbereitet sind auf das, was nach dem ersten Verliebtsein mit Sicherheit auf sie zukommt. Verliebtsein ist ein Geschenk. Verliebtsein kann zu Liebe werden, muss es aber nicht. Verliebtsein ist sozusagen die psychische Anschubfinanzierung des großen Projekts »Liebe und Partnerschaft«.

Wenn das himmelhoch jauchzende Verliebtsein vorbei ist, dann kommt die Arbeit oder das Ende. Und da viele diese Arbeit nicht zu leisten bereit sind, entscheiden sie sich relativ schnell für das Ende. Unzählige Trennungen geschehen schlicht und einfach wegen Arbeitsverweigerung.

Arbeit oder Ende, ist das tatsächlich die Alternative? Nein, es gibt noch eine andere Möglichkeit: Ich verweigere die Arbeit für die Liebe, kann aber auch das Ende nicht akzeptieren, und quäle mich und den Menschen neben mir stattdessen unendlich lange in einer unglücklichen, unerfüllten Partnerschaft.

So bleibt also die Liebe als Aufgabe. Wie sieht diese Aufgabe aus, die mich erwartet? Hier sind einige Antworten, was Liebe *nicht* bedeutet:

- Ich binde einen Menschen an mich.
- Ich helfe einem Menschen, obwohl er sich gut selbst helfen könnte.
- Ich wende mich deshalb einem Menschen intensiv zu, weil er alles dafür tut, um Mitleid zu erregen.
- Ich mache mich von ihm abhängig und könnte ohne ihn nicht leben.
- Ich opfere mich für den anderen auf.

Haben Sie das verdaut? Haben Sie sich in der einen oder anderen Antwort selbst »erwischt«? Dann lesen Sie, was Liebe ist:

- Ich höre aktiv zu und versuche, den anderen zu verstehen.
- Ich nehme interessiert wahr, was der andere denkt und fühlt.
- Ich laufe weder vor seinen noch vor meinen oder vor unseren gemeinsamen Problemen fort.
- Ich tue alles dafür, dass wir beide eigenständige Persönlichkeiten bleiben oder werden.
- Ich habe den dringenden Wunsch, dass wir beide innerlich wachsen.
- Ich bin bereit, mich zu verändern und zuzulassen, dass der andere sich verändert.

Das Leben ist voller Schmerzen wie voller Freuden. Wenn ich das erkannt und akzeptiert habe, kann ich mich mit großer Gelassenheit dem »Wind der Veränderung« stellen.

Rainer Haak

Was heißt Liebe?

Liebe entmündigt nicht – sondern nimmt das Risiko des Lebens in Kauf. Wenn Liebe etwas mit dem Leben zu tun hat, dann gibt es keinen Garantieschein für Glück und Frohsinn, dann nimmt die Liebe auch das Wagnis und das Abenteuer in Kauf, um des geliebten Menschen willen.

Liebe greift zu, da wo es notwendig ist – aber sie lässt auch gehen, da, wo es angesagt ist. Und ermuntert vielleicht sogar zum Losgehen – auch und gerade da, wo man vielleicht auf die Nase fallen kann. Das ist manchmal der viel schwerere Schritt: den anderen zu lassen aus der Liebe heraus.

Andrea Schwarz

Auf dem Weg

Mitten in deinem Prozess der
Menschwerdung
wünsche ich dir
jene kraftvollen Erinnerungen
die dich vertrauen lassen in das Gute im
Menschen

Mitten in deiner Sehnsucht nach
Geborgenheit
wünsche ich dir
jene zärtliche Umarmung
die dich aufatmen lässt

Mitten im Ja-Sagen
zu deiner Partnerin, deinem Partner
wünsche ich dir
jene Hoffnung stiftende Zuversicht
noch freier dich entfalten zu können

Mitten im Unterwegssein als Paar
wünsche ich euch
jenen weiten Raum
der auch andere teilhaben lässt an eurer Liebe

Mitten in schwierigen Momenten des
Zweifelns
wünsche ich dir
jene vertrauensvolle Weitsicht
die Fragen aushalten kann
vertrauend miteinander in die Antworten
hineinwachsen zu können

Pierre Stutz

Wächter der Einsamkeit

Es handelt sich in der Ehe für mein Gefühl nicht darum, durch Niederreißung und Umstürzung aller Grenzen eine rasche Gemeinsamkeit zu schaffen, vielmehr ist die gute Ehe die, in welcher jeder den anderen zum Wächter seiner Einsamkeit bestellt und ihm dieses größte Vertrauen beweist, das er zu verleihen hat ... Das Bewusstsein vorausgesetzt, dass auch zwischen den nächsten Menschen unendliche Fernen bestehen bleiben, kann ihnen ein wundervolles Nebeneinanderwohnen erwachsen, wenn es ihnen gelingt, die Weite zwischen sich zu lieben, die ihnen die Möglichkeit gibt, einander immer in ganzer Gestalt und vor einem großen Himmel zu sehen.

Rainer Maria Rilke

3

Was Liebe haltbar macht

Die Sprache der Liebe

Wenn sich zwei Menschen lieben, dann wird ihre Liebe nur dauern, wenn sie sich ihre Gefühle ausdrücken, ihre Wünsche sagen, ihre Befürchtungen äußern. Das wäre die notwendige Versprachlichung der Liebe. Aber Liebende brauchen auch Tänze und Bilder. Gerade in der Sprache der Liebenden sehen wir, wie die Sprache selber ins Bild und in die Geste drängt. Die Sprache der Liebe sprengt sich selber: »Du bist mein Baum«, sagen sie sich. »Du bist meine Sonne. Ohne dich bin ich tot. Du bist mein Alles. Mein Wind.« Die Sprache sprengt sich und fängt an zu tanzen. Aber der Tanz geht weiter, über die Sprache hinaus: Liebende brauchen Gesten, Zeichen, Berührungen, Tränen, Miteinander-Schlafen, Geschenke, die sie sich machen. Die Liebe würde veröden, wenn sie sich auf das Sagbare beschränkte.

Fulbert Steffensky

Zwei Möglichkeiten, miteinander alt zu werden

Aus einem italienischen Badeort hat sich mir das folgende Bild eingeprägt: In der lauen Abendluft auf der Terrasse eines Ristorante hat am Nebentisch ein Paar um die siebzig Platz genommen. Sie sind rüstig, kerngesund und braungebrannt und verzehren ein vorzügliches Menü. Aber es fällt kaum ein Wort zwischen ihnen. Mürrisch schauen sie vor sich hin oder aneinander vorbei und gehen sich gegenseitig offensichtlich auf die Nerven. Sie haben einander anscheinend nichts mehr zu sagen. – Ein anderes Erinnerungsbild: Ich fahre in der S-Bahn. Ein etwa ebenso altes Paar steigt ein und setzt sich mir schräg gegenüber. Sie strahlen etwas völlig anderes aus. Wenn der alte Mann etwas zu seiner Frau sagt, schaut sie ihm direkt ins Gesicht. Er erwidert ihren Blick mit einem Lächeln, und sie stimmt seinen Worten immer wieder mit heftigem Kopfnicken zu. Dann schauen sie beide zum Fenster hinaus, machen sich aber immer wieder auf etwas, das ihnen auffällt, aufmerksam, und immer wieder schauen sie sich dabei an, lächeln, stimmen einander eifrig zu. Sie greift nach seiner Hand, er nimmt sie und hält sie, und so sitzen sie eine ganze Weile nebeneinander, zugewandt, liebevoll, ganz und gar lebendig – und dabei sind die beiden schon erheblich gebrechlicher als das alte Paar von der italienischen Adria-Küste. – Zwei ganz und gar unterschiedliche Bilder, zwei Möglichkeiten, miteinander alt zu werden.

Hans Jellouschek

Ich begleite dich

Du sollst spüren, dass ich da bin –
ein Mitdenkender, ein Mitwanderer,
ein Begleiter.
Ich will dich nicht bevormunden
und dir nicht ungewünschte Ratschläge geben.
Auch gute Ratschläge können Schläge sein.
Ich will dir meine Ansichten nicht eintrichtern
und dich nicht abhängig von mir machen.
Ich will einfach nur da sein.

Es ist gut, jemanden neben sich zu spüren,
ein Gegenüber für den Austausch zu haben,
nicht alles allein durchdenken zu müssen.
Besonders in dunklen Zeiten
will ich Hoffnung und Möglichkeit verkörpern.

Ich will dich nicht einschüchtern
und nicht überfordern,
ich will die Antworten nicht für dich finden,
ich will dich nur an der Hand nehmen,

wenn es dir recht ist.
Ich will dich nicht vernachlässigen
und im Stich lassen.

Wenn ich neben dir stehe und gehe
soll es dir deutlich werden,
dass du nicht allein bist.
Aus der Tiefe meines Wesens
neige ich mich dir zu.
Du darfst mit mir rechnen.

Ulrich Schaffer

In Berührung mit dem eigenen Herzen

Ich kenne viele Menschen, die sich barmherzig für kranke und einsame Menschen einsetzen, die aber ganz und gar unbarmherzig mit sich selbst umgehen. Doch das wird auch die Hilfe andern gegenüber verfälschen. Da bin ich dann ärgerlich, wenn meine übergroße Liebe nicht honoriert wird. Damit ich den andern von Herzen liebe, damit ich wirklich ein Herz für ihn oder sie haben kann, muss ich zuerst selbst in Berührung kommen mit meinem Herzen, muss ich mein Herz zunächst all dem Armen und Unglücklichen in mir zuwenden. Dann werde ich andere nicht verurteilen, sondern ich werde sie gerade mit all dem Unglücklichen, Zerrissenen, Elenden, Unansehnlichen in mein Herz aufnehmen. Dann wird meine Hilfe ihnen kein schlechtes Gewissen vermitteln. Sie werden vielmehr Platz und Heimat finden in meinem Herzen.

Anselm Grün

Wechselspiel

Wenn jeder
im Wechselspiel der Liebe
versucht,
auf den anderen einzugehen
und ihm das Leben
so schön wie möglich zu machen,
dann gibt es viele Tage,
an denen man miteinander
Hoch-Zeit feiern kann.

Christa Spilling-Nöker

Was die Liebe lebendig erhält

Das scheint ein Grundgesetz der Partnerliebe zu sein: Nach der Phase der ersten Verliebtheit, in der jeder nur den anderen sieht und von ihm fasziniert ist, braucht es die Wendung in die gemeinsame Blickrichtung. Man braucht gemeinsame Perspektiven, damit die Liebe auf die Dauer lebendig bleibt. Aber nun – beim alten Paar – sind die Kinder schon lange fort. Ihr Leben hat fast nichts mehr mit dem Leben des Paares zu tun. Noch immer ausschließlich auf die Kinder ausgerichtet zu leben, bekommt jetzt etwas Unwirkliches, Illusionäres, führt weg aus dem Hier und Jetzt, aus ihrem Hier und Jetzt als altes Paar. Aber etwas anderes, »Drittes« ist jetzt oft nicht da, und so taucht die Gefahr auf, in Passivität und täglicher Routine zu versinken. Darum brauchen alte Paare jetzt oft neue Ziele, neue gemeinsame Anliegen, die ihre Liebe von Neuem inspirieren.

Was das Leben erfüllt, was die Liebe lebendig macht und erhält, muss aber etwas sein, das in sich einen Wert besitzt. Es muss etwas sein, das inspiriert und fasziniert. Dann erfüllt es uns mit Sinn, dann regt es uns an – dann macht es uns auch wieder wechselseitig attraktiv. Alte Menschen, die von gemeinsamen Anliegen und Aufgaben erfüllt und fasziniert sind, stehen weniger in der Gefahr, sich gegenseitig auf die Nerven zu gehen oder hypochondrisch ihre Wehwehchen zu pflegen.

Hans Jellouschek

Sich einander zuwenden

sich
einander
zuwenden

Auch
da
wo
ich
verwundet
bin

Wo
die
verletzlichkeit
am größten ist

Wo
heilung
not-wendig ist

Sich
berühren
im leisen glauben
an veränderung

Pierre Stutz

Ich »lasse« dich

Es ist manchmal schwer, dich zu lassen,
dich loszulassen, dich ziehen zu lassen
in Einstellungen und Handlungen,
dir mir wie Fehler erscheinen.
Oder dich in eine Welt gehen zu lassen,
die feindlich und gefährlich zu sein scheint.

Aber es steht mir nicht zu,
dich zu bevormunden
und zu meinen, ich wüsste besser,
was für dich richtig ist.
Nichts an dir gehört mir.

Unter meinen Gefühlen für dich
muss auch das sein,
das keinen Anspruch stellt,
das nicht bestimmen will,
das dir die Verantwortung überlässt,
weil das die Front deines Wachsens ist.

Am Ende ist es schön und befreiend,
nicht für dich verantwortlich zu sein
und trotz unserer Nähe zu wissen,
dass du dein Leben entscheidest
und ich dir dabei helfe,
indem ich dich lasse.

Ulrich Schaffer

Brot und Rosen

Brot und Rosen, das lebensnotwendige Alltägliche und das Besondere, sind Ausdruck der Sehnsucht nach Liebe, die in uns Menschen brennt und die im Weiterschenken gestillt wird. »Jeder Mensch wird mit einem unerschöpflichen Vorrat an Liebe geboren«, schreibt der nicaraguanische Dichter und Mönch Ernesto Cardenal. In einer Partnerschaft trauen wir diesem unerschöpflichen Vorrat. Wir vertrauen, dass das lebensnotwendige – das Brot – und das

Schöne, das Unerwartete, das Geschenk – die Rosen – im gemeinsamen Unterwegssein erfahrbar sind.

Das tägliche Brot steht für das Kraftvolle und Mühsame des Lebens, das uns nährt und hoffnungsvoll leben lässt. Die Rosen lassen uns entdecken, dass es auf uns ankommt, jedoch letztlich nicht von uns allein abhängt: Das Wesentliche im Leben ist ein Geschenk. Es sucht das Pflegen einer Beziehung, das Einüben einer wohlwollenden Konfliktfähigkeit und zugleich den genseitigen Freiraum, damit jede und jeder sich im Zusammensein und durch die Beziehung noch mehr entfalten kann.

Pierre Stutz

Miteinander reden und lachen

Miteinander reden und lachen sich gegenseitig Gefälligkeiten erweisen zusammen schöne Bücher lesen sich necken dabei aber auch einander sich Achtung erweisen mitunter sich auch streiten ohne Hass so wie man es wohl einmal mit sich selbst tut manchmal auch in den Meinungen auseinandergehen und damit die Eintracht würzen einander belehren und voneinander lernen die Abwesenden schmerzlich vermissen die Ankommenden freudig begrüßen lauter Zeichen der Liebe und Gegenliebe die aus dem Herzen kommen sich äußern in Miene Wort und tausend freundlichen Gesten und wie Zündstoff den Geist in Gemeinsamkeit entflammen so dass aus den vielen eine Einheit wird.

Aurelius Augustinus

Liebe Zeilen

Wer wirklich liebt,
fragt nicht nach dem,
was er bekommt und womöglich noch,
ob es auch genug ist,
sondern nach dem,
was dem anderen guttut.

Liebe ist immer ein Geschenk. Man kann noch lange um eines Menschen Gunst werben, noch so viel für ihn tun, ob die eigenen Gefühle erwidert werden, gehört zu dem, was nicht machbar ist in dieser Welt. Wenn einem aber das Geschenk der Liebe zuteilwird, dann obliegt es einem zugleich, damit ebenso behutsam umzugehen wie mit dem Geschenk des eigenen Lebens.

Denn die Liebe eines anderen Menschen kann man sich nicht als Besitz gleichsam unter das Kopfkissen legen, um sich darauf auszuruhen in der Meinung: »Nun habe ich ihn ja.«

Das Geschenk der Liebe will behutsam gepflegt werden wie eine Pflanze, damit es blühen, wachsen und Frucht bringen – und darin lebendig bleiben kann.

Wenn Partner heutzutage für eine Weile getrennt sind, wird schnell zum Handy gegriffen, um einander mitzuteilen, was man erlebt hat, und sich gegenseitig, vor allem in den ersten, leidenschaftlichen Monaten der Beziehung, seine Liebe und seine Sehnsucht nach dem anderen zu versichern. Das ist auch gut so.

Noch schöner aber wäre es vielleicht, sich gelegentlich der alten Sitte zu bedienen, dem anderen – mit der Hand – einen Liebesbrief zu schreiben. Dabei will die Poesie des eigenen Herzens wachgerufen werden, denn beim schriftlichen Formulieren eines Textes muss man sich ja jedes Wort viel genauer überlegen, als wenn man es in flüchtiger Form am Telefon sagt.

Und der Empfänger kann den Brief den ganzen Tag bei sich tragen, ihn dann und wann in stillen Augenblicken entfalten und sich auch vor dem Schlafengehen noch einmal an den zärtlichen Gedanken des geliebten Menschen wärmen.

Liebende sind wie Engel,
sie ahnen im Licht ihrer Liebe
etwas von der schwebenden Leichtigkeit
und dem Glanz einer heilvollen
und gesegneten Welt.

Christa Spilling-Nöker

Ich trage dich

Ich trage dich,
nicht, als wollte ich dich entmutigen
und dir nichts zutrauen.
Aber heute scheinst du es nicht allein zu schaffen.
Ich spüre die Schwere, die dir anhängt.
Du schleppst dich durch den Tag,
findest nicht zurück zu dir und nicht zu mir.

Darum werde ich dich heute tragen.
Ich frage noch nicht einmal,
ob es dir recht ist,
weil es dir sogar dafür zu schlecht geht.
Du darfst dich heute bei mir anhängen.
Meine Kraft reicht für uns beide,
so wie damals deine Kraft
für uns beide reichte.

Ich trage dich.
Ruhe dich aus, sammle Kraft,
erinnere dich an die Zeiten der Stärke.
Du brauchst dich nicht zu schämen,
getragen zu werden.
Zusammen bestehen wir das steile Leben.

Ulrich Schaffer

Lieben heißt loslassen

In deine Hände geben – das gilt nicht nur für die Beziehung mit Gott, sondern auch für die Menschen. Wer liebt, muss freilassen, muss loslassen, darf nicht festhalten. Es gibt eine übersorgte Liebe, die gleich entmündigt, dem anderen sein Menschsein nimmt: Eltern, die ihren Kindern verbieten, sich abends mit Freunden zu treffen, Ehepaare, die nicht möchten, dass der Partner einige Tage alleine irgendwo Urlaub macht, die Freundin, die versucht, ihrem Partner alle Wünsche schon am Gesicht abzulesen, die Kinder, die ihre Eltern davon abbringen möchten, noch einmal in Urlaub zu fahren, weil ja doch irgendetwas passieren könnte. Und vielleicht ist dies die schlimmste Form der Liebe, wenn sie unter dem Deckmantel des Guten dem anderen seine Freiheit nimmt.

Andrea Schwarz

4

Freunde fürs Leben

Versöhnung

Es ließe sich alles versöhnen,
wenn keine Rechenkunst es will.
In einer schönen,
ganz neuen und scheuen
Stunde spricht ein Bereuen
so mutig und still.
Es kann ein ergreifend Gedicht
werden, das kurze Leben,
wenn ein Vergeben
aus Frömmigkeit schlicht
sein Innerstes spricht.
Zwei Liebende auseinandergerissen:
Gut wollen und einfach sein!
Wenn beide das wissen,
kann ihr Dach wieder sein Dach sein
und sein Kissen ihr Kissen.

Joachim Ringelnatz

Strenge oder Barmherzigkeit

Ein Bruder legte einmal einem der Älteren diese Frage vor: »Es waren einmal zwei Brüder, der eine blieb betend in seiner Zelle, fastete sechs Tage in der Woche und übte sich in Entbehrungen. Der andere verbrachte seine Zeit damit, Kranke zu versorgen. Wessen Arbeit ist wohlgefälliger vor Gott?«

Der ältere Bruder erwiderte: »Wenn der Bruder, der fastet und betet, sich auch noch an der Nase aufhängte, wäre das nicht einer einzigen Tat der Barmherzigkeit gleichzusetzen, die der andere vollbringt, indem er Kranke pflegt.«

Anthony de Mello

Ich finde dich gelungen

Du hast deine ganz
persönliche Ausstrahlung.
Ich bin gerne in deiner Nähe.
Bei dir fühle ich mich wohl,
da darf ich sein, wie ich bin.
Da werde ich nicht beurteilt,
nicht in eine Schublade gesteckt.
Von dir geht etwas aus, das guttut,
das Wunden heilt, das froh macht.
Vielleicht weißt du gar nicht,
was du ausstrahlst.
Heute möchte ich dir sagen,
dass mir deine Ausstrahlung guttut,
dass von dir etwas Liebes,
etwas Mildes ausgeht,
dass du mir guttust.

Anselm Grün

Miteinander wohnen

Freundschaft leben
einen Ort haben
wo ich loslassen darf
sein mit meinen dunklen Seiten
meinem Bedürfnis nach Angenommensein

Freundschaft leben
kein Bild voneinander machen
Entfaltungsmöglichkeiten bestärken
im Spiel der Zuwendung

Seht doch
wie gut und schön es ist
wenn Menschen miteinander in Eintracht
wohnen

Pierre Stutz

Ein Rat aus der Praxis

Eine 85-jährige Frau wurde an ihrem Geburtstag interviewt. Der Reporter fragte, welchen Rat sie Menschen ihres Alters zu geben hätte. »Nun«, sagte die reizende alte Dame, »in unserem Alter ist es sehr wichtig, unsere Fähigkeiten ständig einzusetzen, sonst verkümmern sie. Es ist wichtig, mit Menschen zusammen zu sein, und wenn es nur irgendwie möglich ist, seinen Lebensunterhalt durch Dienstleistung zu verdienen. Das hält uns lebendig und gesund.« – »Darf ich fragen, was Sie tun, um in Ihrem Alter Ihren Lebensunterhalt zu verdienen?«

»Ich kümmere mich um eine alte Dame in meiner Nachbarschaft«, lautete die Antwort.

Liebe heilt jeden,
die, die sie empfangen,
und die, die sie geben.

Anthony de Mello

Gott als Gastgeber

Es geschah einmal, dass Rabbi Elieser, Rabbi Josua und Rabbi Zadok an einem Gelage des Sohnes von Rabban Gamaliel teilnahmen. Da stand Rabban Gamaliel auf und bediente sie. Er gab Rabbi Elieser einen Becher; doch wollte Rabbi Elieser ihn nicht annehmen. Dann gab er Rabbi Josua einen Becher; und er nahm ihn an.

Rabbi Elieser sprach: »Was ist das, Josua? Sollen wir sitzen und uns von Rabban Gamaliel bedienen lassen?!«

Rabbi Josua antwortete: »Es gab noch einen größeren Mann als Rabban Gamaliel, der andere Menschen bediente. Abraham war der größte Mann seiner Generation. Dennoch heißt es in Genesis 18,8 von ihm, dass er stehend seine Gäste bediente. Und sagt mir nicht, dass Abraham wusste, dass seine Gäste Dienstengel waren! Er hielt sie für einfache arabische Wüstenwanderer. Warum sollen wir uns dann nicht von Rabban Gamaliel bedienen lassen?«

Da sprach Rabbi Zadok: »Wie lange beschäftigt ihr euch mit rein menschlichen Vorbildern, wenn Gott selbst uns als Vorbild dient?! Der Heilige, gelobt sei Er, lässt die Winde wehen und den Dunst von der Erde aufsteigen. Er lässt den Regen fallen und die Erde ihren Ertrag sprießen. Ja, Er deckt den Tisch für jeden einzelnen Menschen. Warum sollen wir uns dann nicht von Rabban Gamaliel den Wein einschenken lassen?«

Rabbinische Weisheit

Im Glück wie im Unglück

Mögen manche auch den Reichtum, die Macht, die Ehre oder die Gesundheit preisen, ich ziehe Freundschaft und Weisheit allen anderen Gütern vor. Im Glück wie im Unglück verlangt der Mensch am meisten nach Freundschaft.

Cicero

Was wir voneinander brauchen

Es sind nicht die großen Heldentaten, die der Freundschaft oder der Liebe den Sinn geben. Ein praktischer Rat ist es schon eher, ein Hinweis, eine Warnung, eine kleine Nachsicht, freundliches Beiseitelegen von etwas, das schiefging. Das ist es, was wir voneinander brauchen.

Jörg Zink

Stille Liebe

Rebekka – die Frau Isaaks in der biblischen Erzählung – war wirklich stark, und das wusste sie. Sie nahm das als selbstverständlich hin. Das Problem mit starken und guten Menschen ist, dass sie lange Zeit brauchen, bis sie ihre Grenzen erkennen. Vielleicht fand Rebekka ihre Grenze erst, als sie ziemlich alt war. Und da, so glaube ich, entdeckte sie etwas sehr Wichtiges: Sie hatte das alles nicht allein geschafft. Sie hatte es als gegeben hingenommen, als selbstverständlich – ein Geschenk, das sie Tag für Tag erreicht hatte, aus einer stillen, unterirdischen Quelle. Jemand war ihr ein Leben lang gefolgt, eine Person, die ihre grundlegenden Bedürfnisse erfüllt hatte, lange bevor sie reden oder sich erinnern konnte. Diese Person war Debora, ihre Amme.

Als die Erzählung von Rebekka beginnt, ist Debora eine Frau ohne Namen. Als Rebekka ihre Heimat verlässt, ist nur von »einigen Dienern« die Rede, die mit ihr ziehen, darunter auch die Amme. Das spiegelt, so glaube ich, die Arroganz der unerfahrenen, jungen Frau wider, die noch nicht versteht, welche Bedeutung Debora in ihrem Leben hat und noch haben wird.

Aber die Jahre vergehen. Mit der Zeit löst sich die Amme aus der selbstverständlichen Anonymität. »Debora, Rebekkas Amme, starb und wurde unter einer Eiche begraben, die den Namen Träneneiche erhielt.« Debora wird sie selbst, eine Person, und sie gibt einem Baum ihren Namen. Als Debora stirbt, hat Rebekka eingesehen, dass sie die heimliche Quelle ist, die ihr Kraft und Gnade spendet, ohne selbst eine große Sache daraus zu machen.

Gnade ist kein Blitz vom Himmel, und Gnade ist auch keine Belohnung für gutes Verhalten. Gnade ist Gottes unterirdischer Liebesstrom, der durch unser Leben fließt. Egal, ob wir das merken oder nicht! Debora wird unter einem Baum begraben. Einer Eiche. Eichen wachsen langsam und bekommen große, Schatten spendende Kronen. Sie haben tiefe Wurzeln. Sie bekommen ihre Blätter erst spät im Frühjahr. Aber ihr Schatten reicht bis weit in den Herbst. Sie bieten einen Ort, wo wir uns angenommen wissen, einen Ort, wo alles in unserem Leben einen Raum der Ruhe und des Schutzes findet, der Versöhnung und der Reife. Und schließlich auch einen Ort der Dankbarkeit für die namenlose Zärtlichkeit, die mir in den Tagen folgte, als ich stark war.

Ich bin zu Recht stolz auf das Schwere, das ich gemeistert habe. Aber es ist wichtig, nach und nach auch die stille Liebe zu entdecken, die mich getragen hat.

Ylva Eggehorn

Liebe erhellt

Die Liebe entzünde dein Herz mit Flammen,
sie erwärme dein Haus,
sie erwärme die Herzen derer, die du magst.
Deine Liebe erhelle jedoch den Weg derer,
die vom Dunkel überrascht sind.

Mögen deine Augen vor Freundlichkeit leuchten
wie Wegeslichter in der Nacht,
möge dein Herz erwärmen jedes kalte Gemüt,
deine Hände denen reichen, die zu fallen drohen,
so komme Segen über dich und die Deinen.

Irischer Segenswunsch

Ein Freund, ein guter Freund …

In der Mitte des Lebens lernen wir, alte Freundschaften besonders zu schätzen. Da sind Menschen Wegstrecken mit uns gegangen, die kennen uns in unterschiedlichen Konstellationen, wir vertrauen ihnen. Es ist in diesem Alter ja gar nicht so einfach, neue Freundschaften wachsen zu lassen. Und deshalb ist es ein besonderes Glücksgefühl, eine tiefe innere Freude, wenn spürbar wird: Da keimt eine neue Beziehung heran, was zwischen uns wächst, könnte ein neues Vertrauensverhältnis werden. Ich habe das in den letzten Jahren immer wieder erlebt und sehe solche Freundschaften als besonderes Geschenk an. Gerade, weil das Alleinsein und die Einsamkeit in der Mitte des Lebens ein zentrales Thema sind … ist mir deutlich, wie wichtig Freundschaft ist …

Mir wird Freundschaft immer wichtiger. Hat sich eine Freundschaft früher eher nebenher eingestellt, so sind Freundschaften heute für mich essenziell, sie tragen und halten mich besonders in Krisenzeiten. Es gibt dieses unnachahmliche Lied, das die Comedian Harmonists sangen und auch Heinz Rühmann in dem Film »Die Drei von der Tankstelle« 1930:

Ein Freund, ein guter Freund,
das ist das Schönste, was es gibt auf der Welt!
Ein Freund bleibt immer Freund,
und wenn die ganze Welt zusammenfällt.
Drum sei auch nicht betrübt,
wenn dein Schatz dich nicht mehr liebt.
Ein Freund, ein guter Freund, das ist das Beste,
was es gibt!

Das gilt sicher auch heute und natürlich auch für eine Freundin. Denn eine Freundin, ein Freund sind auch die Ersten, die bei Liebeskummer, Eheproblemen, eigener Verzagtheit, tiefen Lebensfragen, beruflichen Weichenstellungen gefragt und gehört werden. Ich habe Freundinnen erlebt, die mir in den schwersten Zeiten meines Lebens zur Seite gestanden haben wie Felsen in der Brandung. Und ich habe erlebt, wie ich selbst für Freundinnen in schwierigster Lage solche »Felsenfunktion« übernehmen konnte. Wirkliche Freundschaft ist nie einseitig belastet, sondern gleicht sich aus im Geben und Nehmen über die Jahre.

Margot Käßmann

Engel finden

Wer unter Menschen nur einen Engel sucht,
der findet kaum Menschen.
Wer aber unter Menschen nur Menschen sucht,
der findet gewiss einen Engel.

Moritz Gottlieb Saphir

Zeit für Freundschaft

Beim rechten Leben geht es immer wieder um das Zwischenmenschliche, die Verbundenheit, das Zusammensein mit Freundinnen und Freunden, Verwandten, Gästen. Gerechtigkeit ist nicht nur zu verstehen als Interessensausgleich, sondern als warmherzige Verbundenheit, Zärtlichkeit, Liebe. Davon ist manchmal wenig zu erkennen in unserem Umfeld, in unseren Betrieben, in der Kirche. Auch hier sind unsere Beziehungen oft berufsbezogen. Zärtlichkeit und Warmherzigkeit werden dann weggesteckt in die Frauen-Ecke. Allenfalls noch modisch als »emotionale Intelligenz« gewürdigt. Freundlichkeit lieben – wenn das in der Bibel vom Menschen gefordert wird, ist eine Lebenszuwendung zum Anderen angemahnt. Sie schafft einen Lebenszusammenhang, in dem nicht die Ökonomie regiert, sondern die Zeit, die der sterbende alte Mann braucht, die Zeit, die ich für das Kind haben muss, für eine Frau auf der Straße, die Fragen hat. Wir müssen uns tatsächlich fragen, wie sehr wir Freundlichkeit lieben – und wie sehr wir auf uns selbst bezogen sind. Für wie kostbar halten wir unsere eigene Zeit, die wir dann lieber nicht mit anderen teilen?

Freundschaft wächst nur aus Interesse aneinander. Zeit füreinander, Zeit zu hören, zu reden. Und nicht dadurch, alles gleich verstehen und alles vergleichen zu wollen. Manches darf stehen bleiben. Wachsen braucht Zeit.

Margot Käßmann

Rein sein im Nein

Das ist eine der vollkommensten Aufgaben der Freundschaft, dass man rein sei im Nein, wo einen nicht das unendlichste Ja überflutet.

Rainer Maria Rilke

Liebe heißt, wissen, was dem anderen weh tut

Aber was ist Liebe, was ist diese Art von Liebe? »Ich gestehe, ich habe ihre Bedeutung durch zwei Säufer kennengelernt«, sagt Rabbi Mosche Löb. »Ich habe sie in einem Wirtshaus gesehen. Sie saßen an einem Tisch, eine ganze Batterie Flaschen vor sich, und tranken und tranken, ohne sich dabei überhaupt anzusehen. Dann und wann machten sie eine Pause und lallten mit schwerer Zunge. »He, Alexej«, sagte der Jüngere, »bist du mein Freund? Liebst du mich auch?« – »Sicher, Iwan. Ich bin dein Freund. Ich liebe dich sehr.« Halb benebelt leerten sie wie im Traum die nächste Flasche. Dann wandte Iwan sich von Neuem an seinen Freund: »Alexej, bist du auch wirklich mein Freund? Liebst du mich wirklich?« – »Natürlich, Iwan.« Sie tranken weiter, und das gleiche Frage- und Antwortspiel wiederholte sich immer wieder, bis Alexej schließlich böse wurde:

»Wie oft soll ich es dir denn noch sagen, Iwan? Ich bin dein Freund und liebe dich sehr! Bist du eigentlich taub oder betrunken?« Iwan schwieg eine Weile. Sein Blick wurde schwer, und seine Stimme klang sehr traurig, als er sagte: »Alexej, Alexej, wenn du wirklich mein Freund bist, wenn du mich so sehr liebst, wie du sagst, wie kommt es dann, dass du nicht weißt, was mir weh tut?« …

Das Gegenteil von Liebe ist nicht Hass, sondern Gleichgültigkeit, das Gegenteil von Leben ist nicht Tod, sondern die Gefühllosigkeit. Iwan hat recht: wenn Alexej nicht weiß, was ihm weh tut, ist er nicht sein Freund.

Elie Wiesel

Mit sich selbst befreundet sein

Wie kommt man zu dieser Haltung des Sich-Befreundens? Um sich mit anderen Menschen befreunden zu können, muss man sich mit sich selber befreunden – meinte Aristoteles. Was heißt das? Zunächst einmal, sich selber mit Wohlwollen betrachten – und dies auch immer einmal zum Ausdruck bringen, sich selber gegenüber. Mit der Freiwilligkeit ist es natürlich nicht so weit her. Ich bin nicht frei, mein Leben mit mir zu verbringen, aber ich kann lernen, gut mit mir auszukommen. Betrachtet man die Beziehungswerte, die in einer Freundschaftsbeziehung liegen, so wird von Anfang an deutlich, dass die Freundschaft eine reziproke Beziehung ist. Wir können nicht achtsam den anderen Menschen gegenüber sein, wenn wir nicht achtsam unsere Gefühle wahrnehmen, die uns immer wieder darüber orientieren, wie wir uns zu verhalten haben. Wir können nicht zuverlässig sein, wenn wir uns nicht auch zuverlässig um uns selbst kümmern, wenn wir nicht auch zugeben, dass unser Leben Ansprüche an uns stellt, dass unser Körper Ansprüche an uns stellt. Haben wir nur unseren Griesgram kultiviert, werden wir bei Freunden kaum unsere freudige, freundliche Seite leben können. Aber: Indem wir uns mit anderen Menschen befreunden, sind wir herausgefordert, und ist es für uns auch leichter, uns immer wieder neu mit uns selbst zu befreunden. Immer wieder neu – das ist dabei wichtig.

Das Hemmnis bei dem Befreunden mit sich selbst ist dasselbe, das uns auch bei den Freunden und Freundinnen Kummer macht: die Aspekte unserer Persönlichkeit, die unserem Bild von uns selbst widersprechen, der Schatten, bewirkt, dass wir immer einmal wieder mit uns zerfallen sind. Aber gerade in diesem Zusammenhang kann der Freund, die Freundin helfen: Sie finden für schattenhaftes Verhalten mildernde Umstände, begegnen ihm mit Wohlwollen, ohne die Situation zu verharmlosen. Damit ist viel getan für die Selbstbefreundung, auch mit schwierigeren Aspekten unserer Persönlichkeit. Und wir wissen: Erst dann, wenn wir unsere Schwierigkeiten wohlwollend als zu bearbeitende Schwierigkeiten annehmen können, können wir sie auch verändern.

Verena Kast

Gelegenheit zur Einsamkeit

Wenn das Wesen der Gleichgültigkeit und der Menge darin besteht, keine Einsamkeit anzuerkennen, so ist Liebe und Freundschaft dazu da, fortwährend Gelegenheit zur Einsamkeit zu geben. Und nur das sind die wirklichen Gemeinsamkeiten, die rhythmisch tiefe Vereinsamungen unterbrechen.

Rainer Maria Rilke

Freunde

Wenn Menschen von ihren Freunden sprechen, geraten sie leicht ins Schwärmen: von der Offenheit, dem Humor, der Intensität, der Freiheit und der Unkompliziertheit. Wie kaum eine andere Beziehung ist die Freundschaft nicht institutionell gesichert wie etwa die Ehe, mit der sie einiges gemeinsam hat. Deswegen ist sie freier, unbestimmter, unkomplizierter. Es gibt zwar Spielregeln und Rituale, aber keine einklagbaren Rechte oder Gesetze. Freundschaft – eine anwendungsfreundliche, verschleißfreie Variante der Liebe -- könnte man salopp sagen. Ein lebensnotwendiger Gegenpol zum einsamen und misstrauischen Rivalitäts- und Konkurrenzgebaren unserer Zeit, die von Häppchen- und Augenblicksbegegnungen lebt, in der quäkende Anrufbeantworter, Faxmaschinen und E-Mail die Aufgabe der Zuwendung und Pflege von Beziehungen übernommen haben.

»Komm doch mal vorbei!« Was für eine schöne, herzliche Aufforderung, wenn man weiß, dass man sich die Freiheit nehmen darf, sie dann einzulösen, wenn einem danach zumute ist. Auch wenn es Wochen und Monate ginge, würde sich nichts an dem Gefühl der Freundschaft ändern. Natürlich gibt es Freunde, die ihr Fernbleiben fürsorglich einzukleiden wissen: »Ich kann dich doch nicht bei der Arbeit stören!« Als müsste man auf Freunde verzichten, wenn man ein arbeitender Mensch ist. Selbst mitten in der Arbeit – wie gut tut ein vertrautes Gesicht, eine warme Hand oder ein aufmunterndes Wort! Wie viele müssten ihr Leben, zumindest tagsüber, als Einsiedler verbringen, wenn sie nur Freunde empfingen, wenn sie keine Arbeit hätten! Sonderbar diese Ziererei selbst unter Freunden. Warum nicht einfach den PC abstellen, Stift aus der Hand, Papier beiseite, Türe öffnen für die Freunde?

Irmtraut Tarr

Freunde sind Oasen im Beziehungsgestrüpp

Und was hat man von einer Freundschaft? Die Erfahrung, dass es unter den Menschen verlässlich solche gibt, die uns wohl wollen und denen wir wohl wollen, auch angesichts von Meinungsverschiedenheiten, Kränkungen, Enttäuschungen. Auch die Erfahrung, dass man mit diesen Menschen sich geborgen fühlen und auch angeregt und herausgefordert werden kann. Freunde sind immer gut für eine Inspiration zum guten Leben. Freundschaftsbeziehungen sind die Oasen im gelegentlich etwas dornigen. Gestrüpp der menschlichen Beziehungen, sie sind auch ein Netz, das trägt, wenn man einmal ins Leere abzustürzen droht. Mit diesen existentiell so wichtigen Freundschaftsbeziehungen meint man natürlich nicht die Nutzfreundschaften, nicht einmal die Lustfreundschaften, auch wenn in jeder Freundschaft natürlich auch Nutzen und Lust ist, sondern man meint die

»Seelenfreundschaften«. Eine Freundschaft muss wachsen: Freunde und Freundinnen sind Menschen, die uns ansprechen, die uns gefallen, auf die wir neugierig sind. Diese Neugier mündet dann in ein nachhaltiges Interesse. Sie müssen etwas mitbringen, was wir für unser Leben als Bestätigung und als Herausforderung, auf jeden Fall als Bereicherung verstehen, auf welcher menschlichen Ebene auch immer. Freunde und Freundinnen bereichern das Leben, sie fordern uns nicht selten heraus, noch brachliegende Aspekte unserer Persönlichkeit zu entwickeln, ganz besonders zu Beginn einer neuen Freundschaft, aber auch, wenn sie selber Entwicklungssprünge machen.

Verena Kast

5

Lieben heißt die Welt umarmen

Die Liebe ist langmütig

Die Liebe ist langmütig, sie hat Geduld, sie hat ein großes und weites Herz. Sie kann warten. Sie ist nicht kleinlich. Sie steht offen für den anderen. Aber dieses weite Herz, der »große Mut«, bezieht sich nicht nur auf den Umgang mit anderen. Wenn ich ein weites Herz habe, dann fühle ich mich anders. Ich bin frei, offen. Das Leben kann in mir strömen. Ich werde mich nie auf das Negative fixieren, das ich bei mir oder anderen wahrnehme. Das weite Herz ist das Gegenteil vom »kleinkarierten«, engstirnigen, verbohrten Herz. Man spürt einem Menschen von seinem ganzen Wesen her an, ob er ein weites Herz hat oder einen kleinen Mut, einen engen Geist.

Anselm Grün

Das Staunen und das Lieben

Wenn jemand sich einmal vorgenommen hat, täglich zehn Dinge schön zu finden, dann begegnet er täglich nicht nur zehn, sondern viel mehr schönen Dingen.

Und das ist nun Nahrung für die Seele, Atem für die Seele, Heilmittel und Wohltat. Er lernt, und das ist das Wichtigste, wenn jemand in dieser Welt etwas von Gott wahrnehmen will, das Staunen und das Lieben. Die Staunenden und Liebenden leben gesegnet. Sie finden, was schön ist, auch in den Menschen, und sie können die Menschen, diese seltsamen Lebewesen auf Gottes Erde, auch ein wenig lieben.

Jörg Zink

Leben in der Hoffnung

Hoffnung ändert einen Menschen, weil sie ihm seine neuen Möglichkeiten zeigt. Diese Hoffnung macht ihn bereit, sich selbst zu verlassen und in der Liebe ganz bei dem anderen zu sein … Leben in der Hoffnung heißt Liebenkönnen, und zwar das ungeliebte und verstoßene Leben lieben können. Was aber heißt Lieben anders, als mit den ungeweckten Möglichkeiten des anderen Menschen zu rechnen, einschließlich der Möglichkeiten Gottes an ihm? Versöhnung und Hoffnung werden durch konkrete, persönliche und soziale Liebe verbreitet. Darum liegen endlich in der schöpferischen, versöhnenden und hoffenden Liebe die tiefsten Möglichkeiten des menschlichen Menschen in einer unmenschlichen Welt.

Jürgen Moltmann

Die Liebe ist Anfang und Ziel

Liebende sind Kinder.
Wie die Liebenden geht ein Kind
in seinen Tag, freut sich, dass es da ist,
und erwartet alles.

Liebende sind wie der Himmel,
wie die freie, weite Luft.
Und ihre Liebe wächst
mit Blättern und Zweigen
wie ein Baum ins Licht.

Liebe ist wie der Morgen.
Wie der Anfang eines Tages,
wenn der graue Horizont den Tag ansagt
mit einem Anflug von Röte
und die Sonne heraufkommt.

Liebe ist eine Quelle,
aus der das Leben kommt.
Sie öffnet die Quellen lebendiger Kräfte.

Sie eröffnet die Zukunft,
den Morgen, den Mittag, den Abend,
die Nacht des Lebens.
Sie ist Anfang und Ziel.

Jörg Zink

Die Kinder

Auf meinem Schoße sitzet nun
und ruht der kleine Mann;
mich schauen aus der Dämmerung
die zarten Augen an.

Er spielt nicht mehr, er ist bei mir,
will nirgend anders sein;
die kleine Seele tritt heraus
und will zu mir herein.

Theodor Storm

Wir sind das, was wir tun

In den Begegnungen der Liebe gibt es immer wieder eine Erfahrung des Glücks, die uns den Glauben an Gott zumindest nahelegt. Die Arbeiten, mit denen wir anderen Menschen das Leben wärmen, werden als selbstverständlich und fraglos verstanden. Einem Hungernden Essen zu geben, einen Kranken zu waschen, ein Kind zu trösten, gegen das Unrecht zu kämpfen und einen Tyrannen zu stürzen, das hat seinen Grund in sich selber. Das sind Handlungen, an denen die Zweifel nicht nagen, sie geben uns ein Stück Lebensgewissheit und ein Stück Überzeugung von der Güte des Lebens. Wir tun sie ohne Zweck, ohne warum, wie Meister Eckart das nennt, wir haben uns dann vom Geist der Berechnung des Lebens, des »do ut des«, getrennt. Wir sind das, was wir tun. Und gerade das ist Erfahrung Gottes, egal welchen Namen wir ihm geben.

Man kann diese Erfahrung nicht vor der Handlung und nicht ohne sie haben. Auferstehung ist immer auch Aufstand! *Ressurection* ist *insurrection.* Gegen den Tod zu kämpfen suspendiert die Lebenszweifel. Es bringt uns näher an den Willen Gottes, der das Leben in seiner Fülle will.

Dorothee Sölle

Der Verwandlungskraft trauen

Mit dem Unvorhersehbaren rechnen, dem Möglichen Raum geben, mich nicht abfinden mit dem, was ist, das ist für mich eine wesentliche Lebenseinstellung.

Dann ist die entscheidende Frage in meinem Leben nicht die, ob ich an Gott glaube, sondern ob ich Gott lebe! Gott jeden Tag leben lassen in all meinen Tätigkeiten bedeutet für mich, an die Verwandlung des Menschen zu glauben. Es bedeutet für mich, dass ich mir kein festes Bild mache von mir selber und von den anderen.

Der Schweizer Schriftsteller Max Frisch sagt es so: »Es ist bemerkenswert, dass wir gerade von dem Menschen, den wir lieben, am mindesten aussagen können, wie er sei. Wir lieben ihn einfach … Wir wissen, dass jeder Mensch, wenn man ihn liebt, sich wie verwandelt fühlt, wie entfaltet, und dass auch dem Liebenden sich alles entfaltet, das Nächste, das lange Bekannte. Vieles sieht er wie zum ersten Mal. Die Liebe befreit aus jeglichem Bildnis. Das ist das Erregende, das Abenteuerliche, das eigentlich Spannende, dass wir mit den Menschen, die wir lieben, so nicht fertig werden: weil wir sie lieben, solange wir sie lieben … Du wirst dir kein Bildnis machen, heißt es von Gott. Es dürfte auch in diesem Sinne gelten: Gott als das Lebendige in jedem Menschen, das, was nicht erfassbar ist.«

Genau um diese Lebensgrundhaltung geht es auf dem spirituellen Weg. Damit fördere ich den Respekt vor der Einmaligkeit eines jeden Menschen, vor dem Geheimnis, das er oder sie auch immer bleibt und das mich zum tiefen Staunen führt und zur gegenseitigen Ermutigung, sich Tag für Tag noch mehr entfalten zu können.

Pierre Stutz

Ändere dich nicht!

Jahrelang war ich neurotisch. Ich war ängstlich und depressiv und selbstsüchtig. Und jeder sagte mir immer wieder, ich sollte mich ändern. Und jeder sagte mir immer wieder, wie neurotisch ich sei.

Und sie waren mir zuwider, und ich pflichtete ihnen doch bei, und ich wollte mich ändern, aber ich brachte es nicht fertig, sosehr ich mich auch bemühte.

Was mich am meisten schmerzte, war, daß mein bester Freund mir auch immer wieder sagte, wie neurotisch ich sei. Auch er wiederholte immer wieder, ich sollte mich ändern. Und auch ihm pflichtete ich bei, aber zuwider wurde er mir nicht, das brachte ich nicht fertig. Ich fühlte mich so machtlos und gefangen.

Dann sagte er mir eines Tages: »Ändere dich nicht. Bleib, wie du bist. Es ist wirklich nicht wichtig, ob du dich änderst oder nicht. Ich liebe dich so, wie du bist. So ist es nun einmal.« Diese Worte klangen wie Musik in meinen Ohren: »Ändere dich nicht, ändere dich nicht … ich liebe dich.«

Und ich entspannte mich, und ich wurde lebendig, und Wunder über Wunder, ich änderte mich!

Jetzt weiß ich, daß ich mich nicht wirklich ändern konnte, bis ich jemanden fand, der mich liebte, ob ich mich nun änderte oder nicht.

Liebst du mich auf diese Weise, Gott?

Anthony de Mello

Beten und Kämpfen

Ich glaube, dass Beten und Kämpfen sehr nahe beieinander sind. Die allzu friedlichen Gebete öden mich immer an. Wenn Sie an einen Menschen denken, den Sie lieben und der in Gefahren ist, dann wissen Sie vielleicht etwas von diesem Ringen um das Leben eines Menschen. Mit dem dunklen Gott um das Leben eines Menschen zu ringen, beten, dass dieser Mensch nicht stirbt oder dass er nicht wieder zur Flasche greift, nicht wieder zur Nadel, dass er nicht fortfährt in dieser Selbstzerstörung, die wir manchmal an den Menschen neben uns beobachten. Heil ihn doch, Gott, nimm ihn doch heraus. Es gibt Situationen, in denen wir tatsächlich nichts anderes mehr tun können für einen Menschen, als unsere Liebe so auszudrücken, dass wir für ihn beten und Gott bitten, ihn oder sie frei zu machen, frei. Dass dieser Mensch aus der Verzweiflung herauskommt. Ich glaube, dass wir das alle kennen. Und ist es nicht wahr, dass wir mehr beten, wenn wir mehr lieben? Umso mehr wir lieben, umso mehr erkennen wir die Schutzbedürftigkeit eines Kindes, eines Menschen, der sich in den Straßenverkehr begibt, eines, der eine Reise macht und eines, der all diese großen Lebensreisen macht, von denen ich eben gesprochen habe. Ich glaube, dass wir mehr beten, wenn wir mehr lieben. Dann wissen wir genauer, was der andere Mensch braucht. Wir werfen uns Gott in den Weg. Wir »nötigen« Gott, wie die Juristen das nennen.

Beten und Kämpfen gehören zusammen, aber auch, wenn wir nur beten, dann ändert das etwas. Ich glaube das immer mehr, obwohl ich nicht daran glaube, dass Gott von oben herunter Hokuspokus inszeniert. Aber ich glaube, dass das Gebet eine geistige, seelische Kraft ist, die etwas vor Gott bringt, und es ändert sich etwas. Der Segen geschieht. Eines Tages erkennen wir diesen fremden, unbekannten Dämon, der uns überfällt, als den Gott, der uns liebt, der bei uns und in uns sein und wohnen will in unserem Herzen und nicht nur in der Kirche, sondern hier, wo wir selber lernen, denken und fühlen.

Dorothee Sölle

Mensch, ich hab dich gern

Du kannst nicht leben ohne Menschen, die dich mögen, Menschen, die dir von Zeit zu Zeit unaufgefordert zu verstehen geben: Mensch, ich hab dich gern. Das ist von größter Bedeutung in der Ehe. Das ist eine Lebensnotwendigkeit für ein Kind. Eine Quelle des Glücks für einen alten Menschen. Ein Stück Gesundheit für einen kranken Menschen. Ein stiller Trost für einen einsamen Menschen. Es müssen nicht teure Aufmerksamkeiten sein. Geschenke können auch dazu missbraucht werden, um Menschen zu betäuben, dass keine Liebe mehr da ist. Wahre Liebe findet tausend Wege zum

Herzen des Mitmenschen, Wege, auf denen du dich selbst verschenkst, gratis.

Du kannst nicht leben ohne Menschen, die dich mögen. Sieh mal nach, ob vielleicht in deiner Umgebung, in deiner nächsten Nähe Menschen in der Kälte stehen, die ohne deine Liebe nicht leben können. Du hältst ein Stück von ihrem Glück in deinen Händen. Wenn du am Grab eines lieben Menschen stehst, sind es gerade die versäumten Liebeserweise, die vergessenen Aufmerksamkeiten, die am meisten wehtun. Der einzige Trost, weit über die Grenzen des Todes, ist die Liebe und Geborgenheit, die du anderen in ihrem Leben gegeben hast. Das Einzige, worum es eigentlich geht: lieben und glücklich sein.

Phil Bosmans

Die Flamme der Liebe

So wie ich dieses Feuer entzünde, Herr,
entzünde in meinem Herzen
eine Flamme der Liebe.
Liebe, um mein Haus zu erwärmen
und alle, die mir teuer sind.
Liebe, um meine Nachbarn
und diese Gemeinde aufzuheitern.
Liebe, um meine Freunde und Feinde zu trösten.
Liebe, um den Weg zu erhellen, den ich gehe.

Irischer Segenswunsch

Hab die Menschen gern, so wie sie sind

Schau mal um dich, schau dir die Menschen an, mit denen du jeden Tag zusammenleben musst. Mit diesen Menschen musst du auskommen, in Frieden leben und an deinem Glück bauen. Du hast die Menschen nicht selbst gemacht, vielleicht sind sie nicht nach deinem Geschmack. Du kannst nicht verstehen, dass sie so sind, wie sie sind, ganz anders als du.

Wenn du täglich mit ihnen zusammen bist, geht dir immer mehr auf die Nerven, wie viele Fehler und Schwächen sie haben. Mit der Zeit siehst du nichts anderes und denkst: Wenn ich mit dem oder mit jener verheiratet wäre, dann würde es viel besser gehen. Oder du denkst: Wenn ich andere Eltern hätte, wenn die Kinder anders wären, dann könnte ich viel glücklicher sein.

Sehr viele Menschen sind ein Leben lang unglücklich, weil sie sich niemals anpassen können oder wollen. Im Grunde ist das nichts anderes als verkappter Egoismus. Denk nicht so viel an dein eigenes Ich, lebe in Liebe mit deinen Mitmenschen. Hab sie gern, so wie sie sind. Das ist der beste Weg zu deinem Glück.

Phil Bosmans

Mit Liebe betrachten

Schön ist eigentlich alles, was man mit Liebe betrachtet. Je mehr jemand die Welt liebt, desto schöner wird er sie finden.

Christian Morgenstern

Ich habe Zeit für dich

Zuwendung ist das Entscheidende, wenn man miteinander wirklich im Gespräch ist. Gespräch ist miteinander verbrachte Zeit. Man darf, wenn man mit jemandem zusammen ist, nicht irgendwo anders sein. Präsenz ist etwas, das mit allen Sinnen passiert. Darin liegt auch der Sinn: dass ich ganz da bin. Es ist kein Raum mehr für anderes. Das und nichts anderes meint: Zuwendung …

Sich dem anderen unabgelenkt zuzuwenden ist ein Akt der Höflichkeit, aber doch noch mehr und auch noch etwas anderes: Es hat auch eine spirituelle Komponente und einen Ernst jenseits der Konvention … Es gibt diese intensiven Momente, in denen man so sehr beim anderen oder bei einer Sache ist, dass man die Zeit vergisst und das Gefühl hat, sie stünde still. Man ist einfach gegenwärtig. »Ewigkeit ist, wenn es nicht mehr an Gegenwart fehlt.« Besser als der Philosoph Boethius kann man es nicht sagen.

Wenn ich einen Menschen wirklich liebe, dann kann es dennoch sein, dass mich gleichzeitig irgendwelche anderen Sorgen bedrücken oder ein Termindruck über allem schwebt. Aber wenn dieser Mensch bei mir ist, dann zählt nichts anderes. Alles Übrige muss dann jetzt stehen bleiben. Wenn ich nicht diese Einstellung mitbringe, darf ich mich dem anderen nicht zuwenden. Halbe Zuwendung geht nicht.

Dem anderen Menschen Zeit schenken heißt, ihn wirklich ernst zu nehmen. Das ist nicht die Knigge-Höflichkeit in dem Sinne, dass ich nicht aus dem gesellschaftlichen Rahmen falle. Bei konventioneller Höflichkeit oder im Rahmen einer gesellschaftlichen Konversation kann es immer einmal passieren, dass ich Themen ausspare, die an sich wichtig wären. Bei einem echten Gespräch dagegen steht immer die Wahrheitsfrage im Raum. Da geht es auch um die Frage nach meiner eigenen Wahrhaftigkeit. Ich darf mein Gegenüber natürlich mit der Wahrheit nie erschlagen. Aber wenn ich ihm die Wahrheit vorenthalte, dann nehme ich ihn nicht ernst, dann traue ich ihm nichts zu. Die Wahrheit auszusprechen gibt einem echten Gespräch Gewicht. Und ein solches Gespräch braucht den Raum des Vertrauens. Und das braucht Zeit.

Es gibt den Spruch: »Time is money« (Zeit ist Geld). Ein Zeitforscher hat diesen Spruch umgewandelt und gesagt: »Time is honey« (Zeit ist Honig). Zeit ist so wie Honig, wenn sie mit Menschen verbracht wird. Sie fließt dann langsamer, sie wird süß, sie ist ein Genuss. Zeit mit anderen Menschen zu haben ist in der Tat eine der schönsten Sachen, die ich mir vorstellen kann … In Büchners Komödie »Leonce und Lena«, einem Stück über die Liebe, heißt es: »Wir lassen alle Uhren zerschlagen, alle Kalender verbieten und zählen die Stunden und Monde nur noch nach der Blumenuhr, nur nach Blüte und Frucht.« Nicht auf die Uhr zu schauen, sich nicht unter ein äußeres Diktat zu stellen, ist ein Symbol der Liebe. Eigentlich ist es aber auch ein Symbol der Zuwendung zu jedem Menschen.

Notker Wolf

Die brennende Lampe

Die Liebe ist ewig – ihr Aussehen mag sich ändern, nicht ihr Wesen. Der Unterschied zwischen einem Menschen, bevor er liebt, und dem gleichen Menschen, nachdem er verliebt ist, lässt sich mit dem Unterschied zwischen einer nicht angezündeten und einer brennenden Lampe vergleichen. Die Lampe war da und war eine gute Lampe, aber jetzt strahlt sie auch noch Licht aus, und damit erfüllt sie ihren eigentlichen Sinn.

Vincent van Gogh

Die Liebe erben

Vermeiden Sie, jenem Drama, das zwischen Eltern und Kindern immer ausgespannt ist, Stoff zuzuführen; es verbraucht viel Kraft der Kinder und zehrt die Liebe der Alten auf, die wirkt und wärmt, auch wenn sie nicht begreift. Verlangen Sie keinen Rat von ihnen und rechnen Sie mit keinem Verstehen; aber glauben Sie an die Liebe, die für Sie aufbewahrt wird wie eine Erbschaft, und vertrauen Sie, dass in dieser Liebe eine Kraft ist und ein Segen.

Rainer Maria Rilke

Das Antlitz Gottes im anderen sehen

Ein wahrhaft spiritueller Mensch muss sich nicht vom Leben zurückziehen, um Gott zu finden. Er hört die Stimme Gottes in der Stimme des anderen, sieht das Antlitz Gottes im Gesicht seines Gegenübers und erkennt den Willen Gottes in seinen Mitmenschen. Er dient dem Herzen Gottes, indem er die Wunden des anderen pflegt und sein Rufen erhört. »Die stärkste Art von Mönchen«, besagt die Benediktsregel, »sind die, welche in Gemeinschaft leben … Allein zu leben soll nur selten erlaubt werden.« Der heilige Basilius, ein früher Führer des östlichen Mönchstum, bringt es mit seiner Frage auf den Punkt: »Wessen Füße soll der Einsiedler waschen?« Die Aussage ist klar: Es ist die menschliche Gemeinschaft, die den spirituellen Kern eines Menschen auf den Prüfstein stellt.

Gemeinschaft, lehrt Abba Johannes, schenkt uns die Art von Beziehungen, die uns helfend durch die Minenfelder unserer Selbstsucht begleiten, die uns mit unserer Verantwortung konfrontieren, uns über uns selbst hinauswachsen lassen und Tag für Tag unser Mitgefühl herausfordern. Indem wir in den Bedürfnissen anderer erkennen, was wir selbst loslassen und drangeben sollen, werden wir tatsächlich frei von uns selbst.

Indem wir uns den Herausforderungen der Zeit stellen, lassen wir den Geist zu uns sprechen. Indem wir uns mit der sturen Unnachgiebigkeit anderer beschäftigen müssen, erkennen wir unsere eigenen Verfehlungen. Indem wir in unserer Umwelt den Willen Gottes für uns entdecken, wird unsere Reaktion auf die Menschheit zum Maßstab der Qualität unserer Seele.

Wenn Ärger unvermindert und ungeschlichtet in uns wütet, löschen wir den anderen in uns aus. Wenn Monate vergehen und wir nicht einmal mit unseren Nachbarn reden, sie nie besuchen, uns nie dazu aufraffen, unsere Einsiedelei für andere zu verlassen, verleugnen wir die Schöpfung.

Du brauchst nicht allein zu gehen. Wenn wir uns gegen Ratschläge anderer sträuben und ihren Anfragen einfach ausweichen, dann hat Gott keine Stimme, die zu uns durchdringen könnte.

Der spirituelle Mensch sieht den Schöpfer im Glanz der Schöpfung. Gott, so weiß er, ist in allem, was ist. Das Gute, das wir in anderen sehen, lässt uns einen Blick auf Gottes Angesicht erhaschen. Was wir von anderen lernen, lernen wir über uns selbst. Der Respekt, den wir anderen entgegenbringen, spiegelt unsere eigene Einstellung zur Schöpfung wider. Die Art, wie wir auf die Bedürfnisse anderer reagieren, ist ein Hinweis auf unsere eigenen Bedürfnisse. Die Aufmerksamkeit, die wir anderen schenken, wirft Licht auf unseren wahren Sinn für die Weite des Universums und lässt uns über uns selbst hinauswachsen. Der unerschütterliche Glaube anderer dient uns als Vorbild, wenn unser eigener Glaube wankt. Die Sichtweite anderer erweitert unseren eigenen Blick über den Alltag hinaus. Die Weisheit anderer kann uns helfen, Antworten zu finden, die nicht an der Oberfläche stehenbleiben. Wir sind aufeinander angewiesen, um jene Liebe zu finden, die unserem Leben Bedeutung schenkt, jene Liebe, die uns die ewige Liebe Gottes verbürgt, den kein Begriff einfangen kann.

Was unsere Spiritualität taugt, hängt davon ab, ob wir aufrichtig den Platz betrachten, den wir in der menschlichen Gemeinschaft einnehmen sollen. Spiritualität bedeutet zuzulassen, dass andere jeden Tag die engen Grenzen, die wir um unser Leben gezogen haben, überqueren – und auf ihre Aufforderung zu hören, mehr zu sein als das, was wir sind.

Joan Chittister

Geliebtsein und lieben

Geliebtsein heißt aufbrennen.
Lieben ist:
Leuchten mit unerschöpflichem Öle.
Geliebtwerden ist vergehen,
Lieben ist dauern.

Rainer Maria Rilke

Gelebtes Mitleiden

In Indien lebte einmal ein alter Mann, dessen Gewohnheit es war, jeden Tag zu früher Stunde unter einem großen Baum am Ufer des Ganges zu meditieren. Eines Morgens, als der Mann seine Meditation beendet hatte und die Augen aufschlug, sah er einen Skorpion hilflos in der Strömung treiben. Als der Skorpion in die Nähe des Baumes gelangt war, verfing er sich in dem weit in den Strom reichenden Wurzelwerk. Der Skorpion kämpfte wie besessen, um sich zu befreien. Aber je heftiger er sich hin und her warf, desto aussichtsloser verstrickte er sich im Wurzelgewirr.

Als der alte Mann die verzweifelten Befreiungsversuche des Tieres sah, legte er sich in seiner ganzen Länge auf eine in das Wasser reichende dicke Wurzel und griff mit ausgestreckter Hand nach dem zappelnden Skorpion, um ihn zu retten. Doch kaum hatte er ihn berührt, stach das Tier plötzlich zu. Instinktiv zog der alte Mann die Hand zurück.

Aber nachdem er die Balance wieder gefunden hatte, streckte er noch einmal die Hand aus, um dem um sein Leben kämpfenden Skorpion zu helfen. Und wieder stach der Skorpion zu, sobald ihn der alte Mann zu fassen versuchte. So ging es fort, bis die Hände des alten Mannes durch die Stiche des giftigen Schwanzstachels anschwollen und bluteten. Mit schmerzverzerrtem Gesicht beobachtete er den immer noch im Wasser um sich schlagenden Skorpion.

In diesem Moment kam ein Wanderer des Wegs, sah den auf der Baumwurzel ausgestreckt liegenden und mit dem Skorpion kämpfenden alten Mann und rief ihm erstaunt zu: »He, Alter! Was ist mit dir? Nur ein Dummkopf riskiert sein Leben für ein hässliches, nutzloses Geschöpf. Du weißt wohl nicht, dass es dich das Leben kosten kann, wenn du meinst, diese undankbare Kreatur retten zu müssen?« Der alte Mann hob bedächtig den Kopf, blickte dem Fremden ruhig in die Augen und erwiderte: »Mein Freund, sollte ich wegen der Natur des

Skorpions, zu stechen, meine eigene Natur, zu retten, aufgeben?«

Das ist also die Frage: Warum sollten wir unsere Natur, mitleidend zu sein, aufgeben, selbst wenn wir in einer beißenden, stechenden Welt gepeinigt werden? Die Geschichte vom alten Mann und dem Skorpion enthält eine große Herausforderung an eine Gesellschaft, in der man uns glauben machen will, dass der Kampf einer gegen den anderen den menschlichen Entwicklungsprozess dominiert. Diese Geschichte fordert uns heraus zu beweisen, dass Umarmen menschlicher ist als Zurückstoßen, dass Küssen menschlicher ist als Beißen, Anblicken menschlicher als Anstarren, Freundschaft schließen menschlicher als Rivalisieren, Frieden stiften menschlicher als Krieg führen – kurzum: dass Mitleiden menschlicher ist als Zank und Streit.

Henri Nouwen

Liebe ist unverlierbar

Die Liebe, die zu beschreiben uns so schwer fällt, ist die einzig wirkliche und bleibende Erfahrung unseres Lebens. Sie ist das Gegenteil von Angst, der Kern von Beziehungen, das Wesen der Kreativität, die Gnade der Macht – ein komplexer Teil dessen, was wir sind. Sie ist die Quelle der Glückseligkeit, die Energie, die uns verbindet und die in uns lebt.

Liebe hat nichts zu tun mit Wissen, Bildung oder Macht; sie ist jenseits von Verhaltensweisen. Sie ist zudem das einzige Geschenk im Leben, das man nicht verlieren kann. Letztlich ist sie das Einzige, das wir einem anderen wahrhaft geben können. In einer Welt der Illusionen, einer Welt der Träume und der Leere ist die Liebe die Quelle der Wahrheit.

Elisabeth Kübler-Ross

Bedingungslose Liebe

Wir können nur Frieden und Glück in der Liebe finden, wenn wir die Bedingungen loslassen, die wir an unsere Liebe zu einander knüpfen. Und wir stellen gewöhnlich denjenigen die härtesten Bedingungen, die wir am meisten lieben. Die Liebe zu Konditionen hat man uns eingetrichtert – wir wurden buchstäblich darauf konditioniert –, und es ist ein schwieriger Prozess, das zu verlernen. Als menschlichen Wesen ist es uns nicht möglich, zu einer vollkommen bedingungslosen Liebe zu einander zu finden, aber wir können mehr haben als die paar Minuten, die wir normalerweise in einem ganzen Leben bekommen.

Zu den wenigen Menschen, bei denen wir bedingungslose Liebe finden können, zählen unsere Kinder, wenn sie noch sehr klein sind. Unser Tagesablauf, unser Geld, unsere Leistungen sind ihnen gleichgültig. Sie lieben uns einfach. Mit der Zeit bringen wir ihnen bei, Bedingungen für ihre Liebe zu stellen, wenn wir sie dafür belohnen, dass sie lächeln, gute Noten heimbringen und so sind, wie wir sie haben wollen. Aber wir können noch immer viel von der Art und Weise lernen, wie Kinder uns lieben. Wenn wir unsere Kinder nur ein wenig länger und bedingungsloser lieben würden, könnten wir uns eine ganz andere Lebenswelt schaffen.

Liebe zu Bedingungen belastet unsere Beziehungen. Wenn wir diese Bedingungen loslassen, können wir Liebe auf vielen Wegen finden, die wir nie für möglich gehalten hätten.

Elisabeth Kübler-Ross

Eure Kinder sind nicht eure Kinder

Eure Kinder sind nicht eure Kinder.

Sie sind die Söhne und Töchter der Sehnsucht des Lebens nach sich selbst. Sie kommen durch euch, aber sind nicht von euch, und auch wenn sie bei euch sind, gehören sie euch nicht.

Ihr könnt ihnen eure Liebe geben, aber nicht eure Gedanken, weil sie ihre eigenen Gedanken haben.

Ihr könnt ihren Körpern eine Behausung geben, aber nicht ihren Seelen, weil ihre Seelen im Hause von Morgen wohnen, welches ihr nicht betreten könnt, noch nicht einmal in euren Träumen.

Ihr könnt versuchen, wie sie zu sein, aber versucht nicht, sie anzugleichen – das Leben geht nicht rückwärts, noch verweilt es beim Gestern.

Ihr seid die Bogen, von denen eure Kinder als lebende Pfeile abgeschossen werden. Der

Bogenschütze sieht das Ziel auf dem Pfad der Unendlichkeit, und Er biegt euch mit seiner Kraft, damit seine Pfeile schnell und weit fliegen.

Möge das Gebogenwerden in des Schützen Hand Freude in euch auslösen. So wie Er den fliegenden Pfeil liebt, so liebt Er auch den Bogen, der fest steht.

Khalil Gibran

Was Liebe ist

Liebe verstehen Menschen bekanntlich auf viele und unterschiedliche Weisen. Da gibt es zum Beispiel die romantische, sehr gefühlvolle Variante. Andere interessiert vor allem die körperliche Liebe. Oder da gibt es die Überzeugung, einzig die selbstlose Nächstenliebe sei wahrhaft Liebe. Einige streben nach der rein übernatürlichen Liebe, fern von den Menschen, nur dem Himmel zugewandt. Liebe kennt nicht nur viele Deutungen, sondern sie hat auch viele Gestalten. Da ist die Liebe zwischen Mann und Frau in der Ehe oder die Liebe der Eltern zu den Kindern, der Kinder zu den Eltern. Da gibt es die Liebe in einer Ordensgemeinschaft. Eine sehr schöne Deutung gibt Jean Vanier, der Gründer der »Arche«-Gemeinschaft (des gemeinsamen Lebens mit Menschen mit einer Behinderung): »Liebe ist: einem anderen dessen eigene Schönheit zu offenbaren.« Dem anderen deutlich machen, wie schön er ist: Das ist Liebe. Und dafür braucht der andere mich. Das kann er alleine nicht entdecken. Vor dem Spiegel findet man das nicht heraus. Nein, das muss ein Mitmensch ihm oder ihr offenbaren. Damit hat Jean Vanier etwas vom Kern der Liebe erfasst: einem anderen dessen eigene Schönheit offenbaren.

Piet van Breemen

Quellenhinweis

Dieses Buch wurde zusammengestellt aus den folgenden Titeln, die, wenn nicht anders vermerkt, alle im Verlag Herder, Freiburg im Breisgau, erschienen sind. © Verlag Herder GmbH, Freiburg im Breisgau

Phil Bosmans: Leben jeden Tag. 365 Vitamine für das Herz, 3. Aufl 2011

Joan Chittister: Das Leben beginnt in dir. Weisheitsgeschichten aus der Wüste, 2011

Das Inspirationsbuch 2010. Vom Träumen und vom Glück, 2009

Athony de Mello: Wer bringt das Pferd zum Fliegen, 1989

Anthony de Mello: Warum der Vogel singt, 1984

Ylva Eggehorn: Ich hörte Saras Lachen. Frauen in der Bibel, 2. Aufl. 2009

Khalil Gibran, Der Prophet, 2006

Anselm Grün, Das kleine Buch vom wahren Glück, 2001

Anselm Grün: Ich finde dich gelungen, Kreuz Verlag, Freiburg im Breisgau 2009

Anselm Grün: Vom Zauber der Liebe, Kreuz Verlag, Stuttgart 2007

Anselm Grün (Hg.): Die Stille beginnt in dir. Inspirierende Gedanken aus dem Kloster, 2011
Bert Hellinger: Glück, das bleibt. Wie Beziehungen gelingen, Kreuz Verlag, Stuttgart 2008
Hans Jellouschek, Verena Kast, Hildegunde Wöller: Liebe und Glück im Märchen. Wie Paare aneinander wachsen können, Kreuz Verlag, Stuttgart 2008
Hans Jellouschek: 10 Liebesregeln für das Glück, Kreuz Verlag, Stuttgart 2007
Rainer Haak: Alles wird anders. Ich auch. Ein spiritueller Kompass in Zeiten der Veränderung, 2005
Hans Jellouschek: Märchenhaft lieben, Kreuz Verlag, Stuttgart 2008
Roland Kachler: Damit aus meiner Trauer Liebe wird, Kreuz Verlag, Stuttgart 2007
Margot Käßmann: In der Mitte des Lebens, 2009
Margot Käßmann: Gut zu leben. Gedanken für jeden Tag, 2004
Verena Kast (Hg.): Inspirationen für ein gutes Leben, 2005
Verena Kast: Paare. Wie Phantasien unsere Liebesbeziehungen prägen, Kreuz Verlag, Freiburg im Breisgau 2009

Elisabeth Kübler-Ross, David Kessler: Geborgen im Leben. Wege zu einem erfüllten Dasein, Kreuz Verlag, Stuttgart 2001

Jürgen Moltmann: Mensch, Kreuz Verlag, Stuttgart 2005

Henri Nouwen: Feuer in meinem Herzen. Die Kraft der Mitmenschlichkeit, 2006

Nossrat Peseschkian: Wenn du eine hilfreiche Hand brauchst, so suche sie am Ende deines eigenen Armes. Orientalische Weisheiten für den Alltag, Kreuz Verlag, Stuttgart 2008

Jakob J. Petuchowski: Rabbinische Weisheit. Geschichten der Meister, 2008

Ulrich Schaffer: Worte der Liebe, Kreuz Verlag, Stuttgart 2008. © Ulrich Schaffer

Andrea Schwarz: Und jeden Tag mehr leben. Jahreslesebuch, Neuausgabe 2010

Andrea Schwarz: Bunter Faden Leben, 2010

Dorothee Sölle, Fulbert Steffensky: Löse die Fesseln der Ungerechtigkeit, Kreuz Verlag, Stuttgart 2004

Christa Spilling-Nöker: Folge deinem eigenen Weg. 10 Sinngeschichten, 2003

Christa Spilling-Nöker: Der immerwährende Kalender für alle persönlichen Festtage, 2010

Fulbert Steffensky: Feier des Lebens. Spiritualität im Alltag, Kreuz Verlag, Stuttgart 2004
Pierre Stutz: 50 Rituale für die Seele, 2011
Irmtraud Tarr: Vom leichten Glück der einfachen Dinge, 1998
Piet van Breemen: Was Liebe ist. Exerzitien für den Alltag, Neuausgabe 2005
Elie Wiesel: Hoffnung. Bleib dem Leben treu, 2008
Notker Wolf: Gönn dir Zeit. Es ist dein Leben, 2009
Jörg Zink: Die goldene Schnur, Kreuz Verlag, Freiburg im Breisgau, 2. Aufl. 2011
Jörg Zink: Das Geschenk eines jeden Tages. Ein Jahresbegleiter, Kreuz Verlag, Stuttgart 2005
Jörg Zink: Vielfarbiger Dank, Kreuz Verlag, Stuttgart 2002
Jörg Zink: Was bleibt, stiften die Liebenden, Kreuz Verlag, Stuttgart 2008

HERDER spektrum Band 7136

MIX
Papier aus verantwortungsvollen Quellen
FSC
www.fsc.org
FSC® C106847

Originalausgabe

www.herder.de

Umschlagkonzeption und -gestaltung: Agentur RME:
Eschlbeck / Hanel / Gober
Umschlagmotiv: Getty Images

Vignetten: Designbüro Gestaltungssaal
Sabine Hanel / Alexandra Gober

Herstellung: fgb · freiburger graphische betriebe
www.fgb.de

Printed in Germany

ISBN 978-3-451-07136-2